Impressum
Verlag: BABADADA GmbH, Nedderfeld 112 , 22529 Hamburg
Geschäftsführer / Verlagsleitung: Harald Hof
Druck: Books on Demand GmbH, In de Tarpen 42, 22848 Norderstedt

Imprint
Publisher: BABADADA GmbH, Nedderfeld 112 , 22529 Hamburg, Germany
Managing Director / Publishing direction: Harald Hof
Print: Books on Demand GmbH, In de Tarpen 42, 22848 Norderstedt

學校

ikigo c' amashure

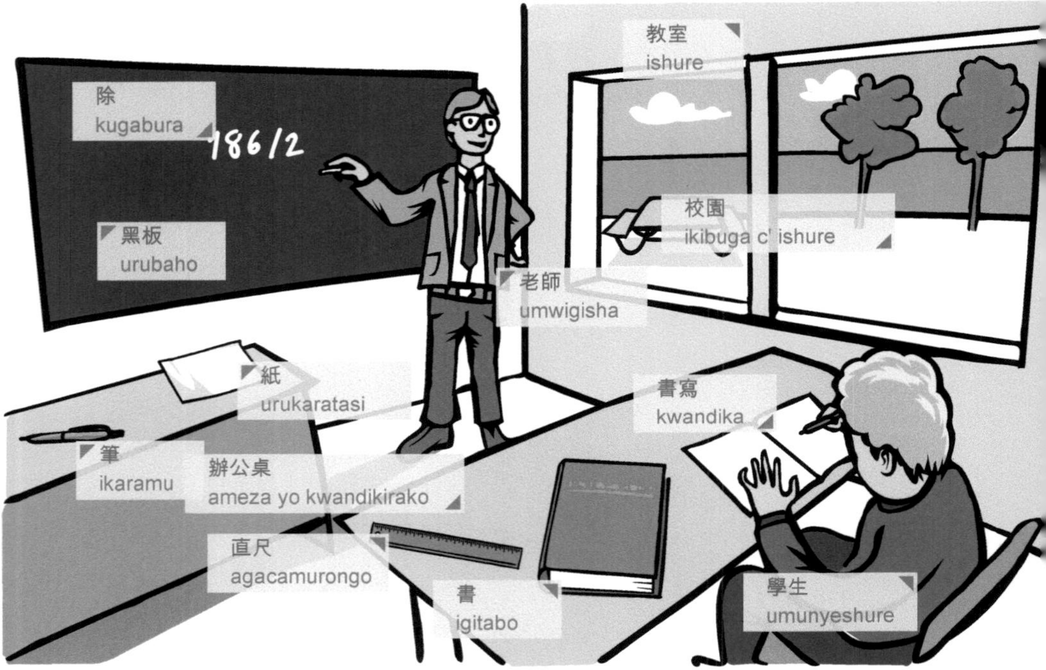

教室
ishure
除
kugabura
186/2
黑板
urubaho
校園
ikibuga c' ishure
老師
umwigisha
紙
urukaratasi
書寫
kwandika
筆
ikaramu
辦公桌
ameza yo kwandikirako
直尺
agacamurongo
書
igitabo
學生
umunyeshure

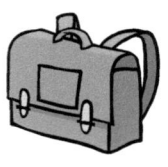

書包

isakoshi y'' ishure

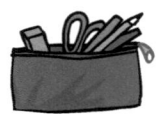

鉛筆盒

agasaho k' amakaramu

鉛筆

ikaramu y igiti

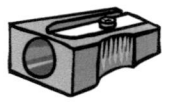

削鉛筆機

agasongozo k ikaramu y igiti

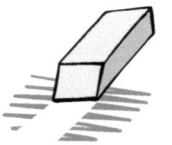

橡皮擦

igome

畫板

ikaye yo gucapamwo

圖畫
igicapo

畫筆
ikaramu bacapisha irangi

顏料盒
agasandugu kamabara

剪刀
imikasi

膠水
kore

練習冊
ikaye y' imyimenyerezo

家庭作業
imyimenyerezo yo muhira

數字
igiharuro

加
guteranya

減
gukuramwo

乘
kugwiza

計算
guharura

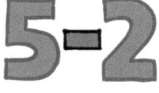

字母
urudome

字母表
indome

字
ijambo

課文
igisomwa

讀
gusoma

粉筆
ingwa

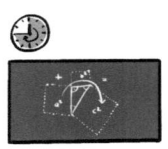

上課
icigwa

登記
igitabo c' ishure

考試
ikibazo

證書
impamyabushobozi

校服
impuzu y' ishure

教育
kwiga

百科全書
kazinduzi

大學
kaminuza

顯微鏡
mikorosikopi

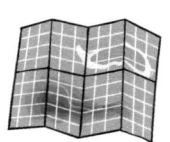

地圖
ikarata

廢紙簍
agaseke bajugunyamo
amakaratasi

旅行

urugendo

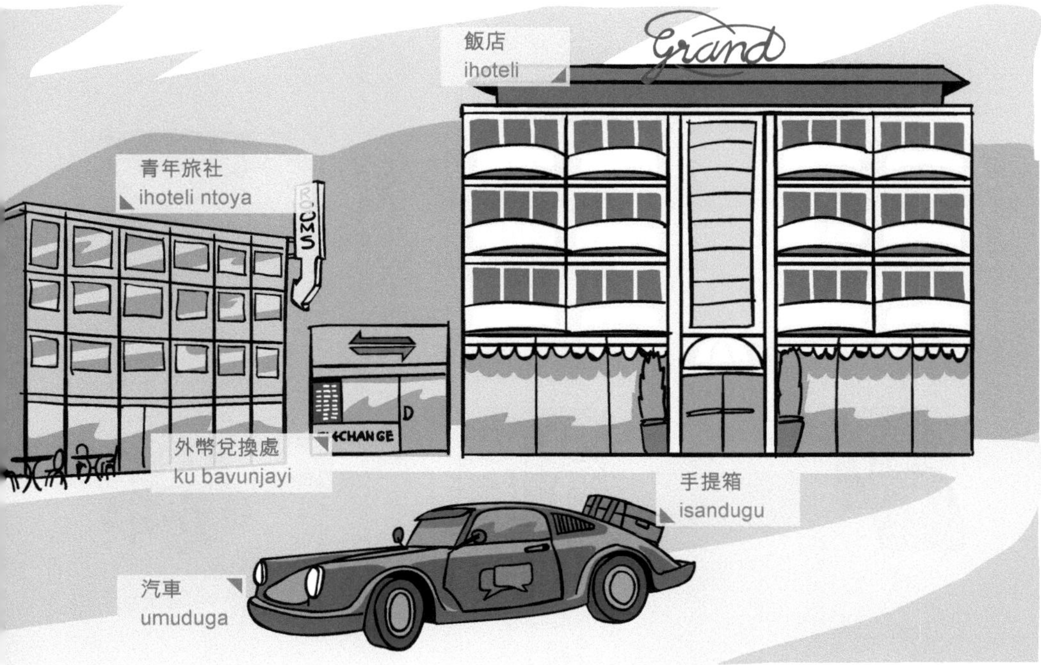

飯店
ihoteli
Grand
青年旅社
ihoteli ntoya
ROOMS
外幣兌換處
ku bavunjayi
EXCHANGE
手提箱
isandugu
汽車
umuduga

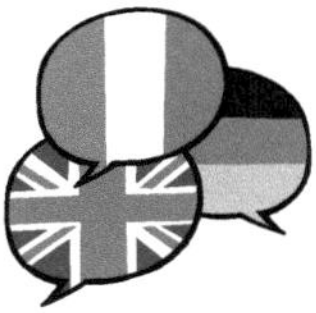

語言

ururimi

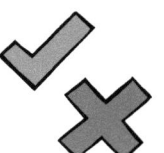

是/否

ego / oya

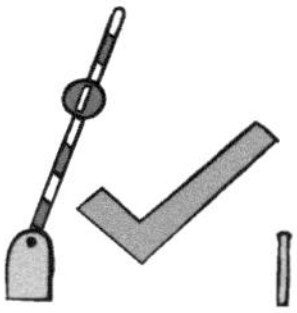

好的

ego

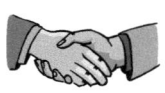

您好

amahoro!

翻譯人員

umuntu asigura

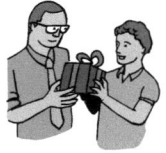

謝謝

ndashimye

......多少錢？

ni angahe?

我不明白

sindabitahura

問題

ingorane

晚上好！

mwiriwe!

早上好！

mwaramutse

晚安！

ijoro ryiza!

再見

nakagaruka

方向

inzira

行李

imizigo

包

igapo

背包

isaho baheka mu mugongo

客人

umushitsi

房間

icumba

睡袋

umufuko wo kuraramo mu rugendo

帳篷

ihema

旅行資訊
kumenyesha ingenzi

海灘
ku musenyi

信用卡
ikarata y' amahera

早餐
ifunguro rya mugatondo

午餐
ifunguro ryo ku murango

晚餐
ifunguro ry 'ijoro

票
itike

電梯
ingazi y' umuyagankuba

郵票
umukono

邊界
umupaka

海關
duwane

大使館
ubuserukizi bw' igihugu

簽證
viza

護照
pasiporo

交通運送

gutwara abantu n' ibintu

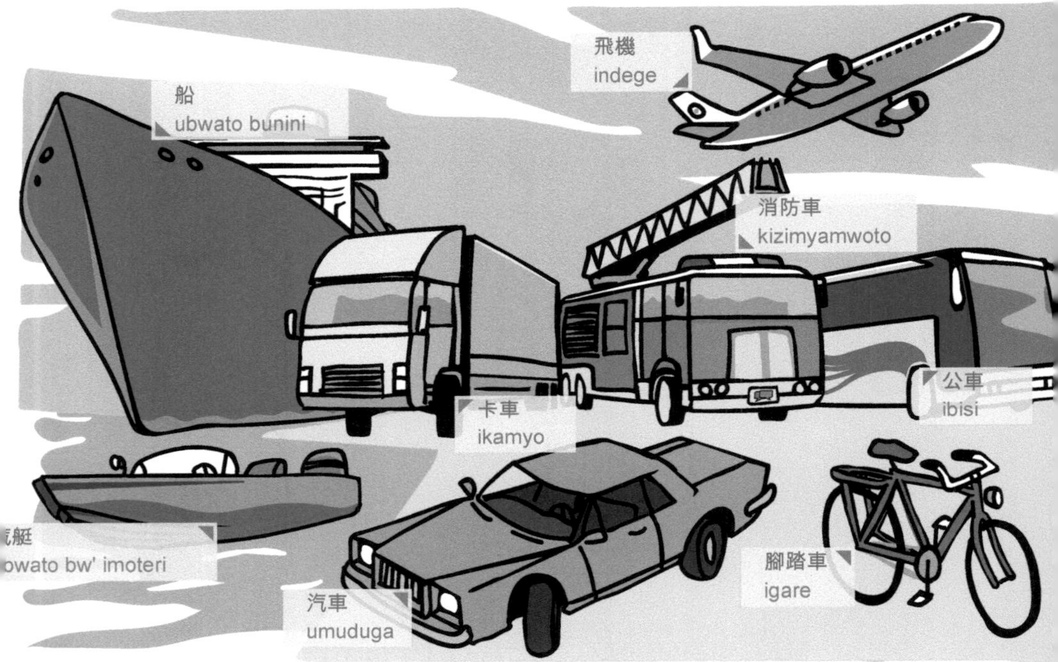

飛機
indege
船
ubwato bunini
消防車
kizimyamwoto
公車
ibisi
卡車
ikamyo
艇
owato bw' imoteri
腳踏車
igare
汽車
umuduga

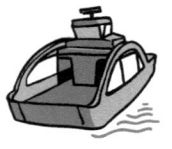

渡輪

ubwato bunini

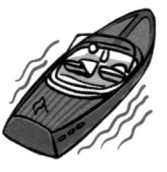

小船

ubwato

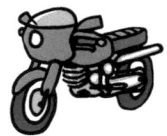

機車

ipikipiki

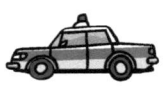

警車

umuduga w' igipolisi

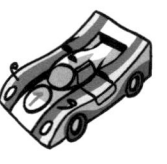

賽車

umuduga wa kuruse

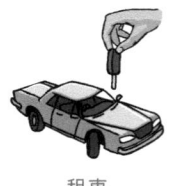

租車

umuduga bakodesha

拼車

ukoresha imodoka imwe muri benshi

拖車

uruduga ruheka izindi

垃圾車

umuduga utwara umucafu

馬達

imoteri

汽油

igitoro

加油站

ubunywero bw'ibitoro

交通標識

rango vyo ku mabarabara

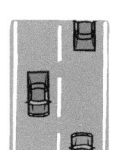

交通

uruja n' uruza

交通堵塞

akajagari k' imiduga mw' ibarabara

停車場

igituro c' imiduga

火車站

igituro ca gari ya moshi

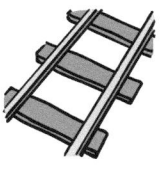

軌道

ibarabara rya gari ya moshi

火車

gari ya moshi

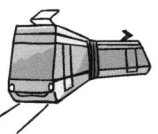

路面電車

gari ya moshi bita tram

客車廂

igipande ca gari ya moshi

直升機
kajugujugu

機場
ikibuga c' indege

塔
umunara

乘客
ingenzi

集裝箱
konteneri

紙板箱
ikarato

手推車
isharete

籃子
icibo

起飛/降落
kuguruka / kugwa

城市

igisagara

村莊
umutumba

市中心
hagati mu gisagara

房子
inzu

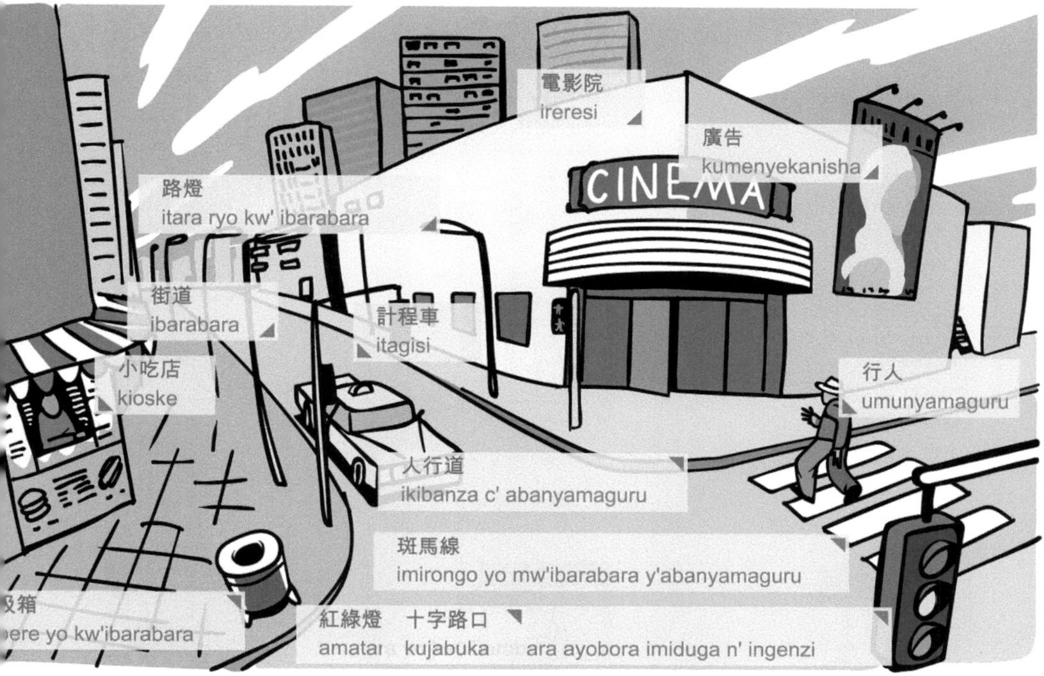

電影院 ireresi

廣告 kumenyekanisha

路燈 itara ryo kw' ibarabara

街道 ibarabara

計程車 itagisi

小吃店 kioske

行人 umunyamaguru

人行道 ikibanza c' abanyamaguru

斑馬線 imirongo yo mw'ibarabara y'abanyamaguru

紅綠燈 amatar kujabuka　十字路口 ara ayobora imiduga n' ingenzi

及箱 ere yo kw'ibarabara

小屋
akazu k' ikirundi

公寓
aparitema

火車站
igituro ca gari ya moshi

市政廳
meri

博物館
iratiro ry' ivyakera

學校
ikigo c' amashure

大學

kaminuza

銀行

ibanki

醫院

ibitaro

飯店

ihoteli

藥房

farumasi

辦公室

ibiro

書店

aho badandaza ibitabo

商店

akaduka

花店

umudandaza w'amashugwe

超市

supermarshe

市場

isoko

百貨商店

iduka

魚店

umudandaza w' amafi

購物中心

ihuriro ry'amaduka

海港

ikivuko

公園

kibanza batemberamwo

長凳

intebe ndende

橋

ikiraro

樓梯

ingazi

捷運

gari ya moshi bita métro

隧道

ibarara ry' indani y' isi

公車站

igituro c' amabisi

酒吧

ubunywero

餐館

resitora

郵筒

ahaja amakete

路標

ikirango co kw' ibarabara

停車計時器

isaha yo ku gituro c'
imiduga

動物園

iratiro ry' ibikoko

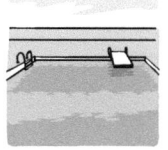

游泳池

pisine

清真寺

umusigiti

農場

ubwororero

污染

konona ibidukikije

墓地

akaburi

教堂

kw'isengero

操場

ikibuga

寺廟

inyubako za kera bita temple

地形

imisozi

樹葉
ikibabi

指示牌
ivyapa

路
inzira

草地
ubwatsi bita gazon

石頭
ibuye

樹
igiti

徒步旅行者
umuntu atembera kure n' amaguru

河
uruzi

草
ubwatsi

花
ishugwe

峽谷
ikiyaya

丘陵
umusozi

湖
ikiyaga

森林
ishamba

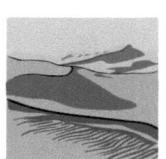

沙漠
ubugaragwa

火山
ikirunga

城堡
ishato

彩虹
umunywamazi

蘑菇
ikizinu

棕櫚樹
ikigazi

蚊子
umubu

蒼蠅
isazi

螞蟻
urutozi

蜜蜂
uruyuki

蜘蛛
igitangurigwa

甲蟲

agakoko gato bita
coléoptère

青蛙

igikere

松鼠

agakoko bita écureuil

刺蝟

ikinyogote

野兔

urukwavu

貓頭鷹

igihuna

鳥

inyoni

天鵝

imbata

野豬

ingurube y' ishamba

鹿

idubu

麋鹿

igikoko bita élan

水壩

urugomero

風力發電機

icuma gitanga
umuyagankuba

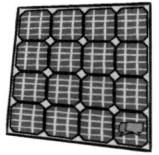

太陽能電池板

ikimuri c' imishwarara

氣候

igihe

服務生
umukozi wo muburiro n'ubunywero

菜譜
ikarata y' indya

椅子
intebe

湯
isupu

披薩餅
piza

餐具
ibikoresho vyo kumeza

桌布
igitambara c' ameza

前菜
indya y' ibanze

主菜
indya nkuru

甜點
deseri

飲料
inyobwa

食物
infungugwa

瓶子
icupa

速食

infungugwa batekanye ingoga

街邊小吃

Infungugwa barya bagenda

茶壺

ibirika y' icayi

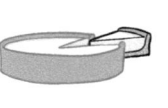

糖盒

agakopo k' isukari

一份飯菜

igipande c' indya

義式咖啡機

imachini ikora espresso

高腳椅

intebe ndende

帳單

inyemazabuguzi

托盤

ako batwarako infungugwa

刀

imbugita yo kumeza

餐叉

ikanya

勺子

ikiyiko

茶匙

akayiko k' icayi

餐巾

seriviyeti

玻璃杯

ikirahuri

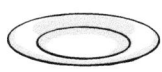

碟子

isahani

湯盤

isahani y' isupu

碟子

isutasi

醬

isosi

鹽瓶

akanyanyagiza umunyu ku ndya

胡椒研磨罐

agasya ipiripiri

醋

vinaigre

食用油

amavuta

調味料

indyoshandya

番茄醬

kecapu

芥末

mutaride

美乃滋

mayoneze

超市

supermarshe

特價
ivyagabanyijwe igiciro
FOR
顧客
umuguzi
乳製品
ibiva ku mata
水果
icamwa
購物車
agakinga ko mw' iduka

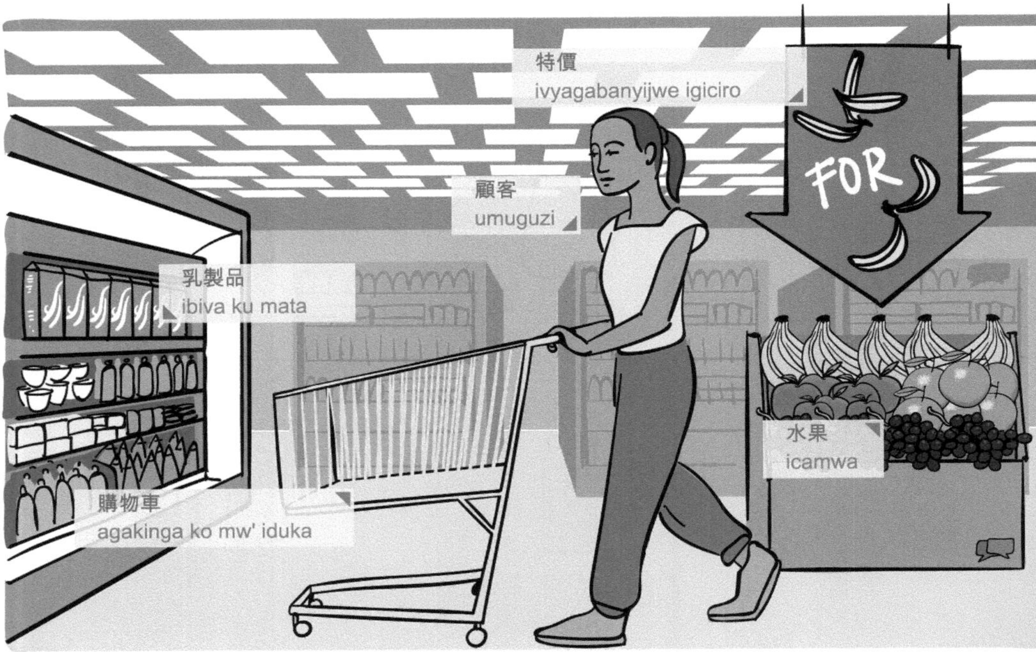

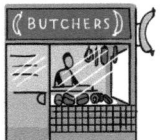

BUTCHERS

肉鋪

amacuniro

BAKERY

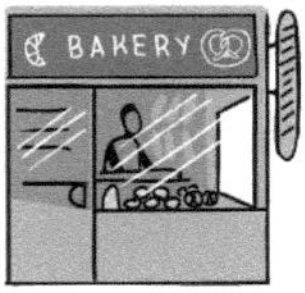

麵包店

iburangeri

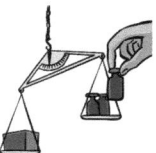

稱重

gupima

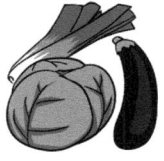

蔬菜

imboga

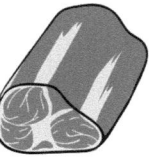

肉

inyama

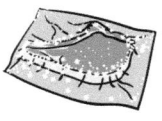

冷凍食品

Imfungurwa zikanye cane

冷盤
ungugwa bita charcuterie en tranches

罐頭食品
amafunguro yo mu mabwate

洗衣粉
isabune yo kumesura

甜食
ibisosa

日用品
ibikoresho vyo muhira

清潔用品
ibikoresho vy'isuku

銷售員
umudandaza

收銀機
kese

收銀員
umuntu yakira amahera

購物清單
rutonde rw' ibidandazwa

開放時間
amasaha yo kugurura

錢包
ingodomoni

信用卡
ikarata y' amahera

袋子
isakoshe

塑膠袋
ishakoshe ya parastike

水
amazi

果汁
umutobe

牛奶
amata

可樂
koka

紅酒
umuvinyo

啤酒
ikiyeri

酒
inzoga

可可
kakao

茶
icayi

咖啡
ikawa

義式濃縮咖啡
ikawa yitwa espresso

卡布奇諾
ikawa yitwa kapucino

香蕉

umuhwi

蘋果

ipome

柳丁

umucungwe

西瓜

icamwa bita melon

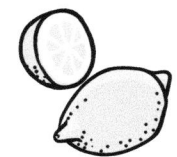

檸檬

indimu

胡蘿蔔

ikaroti

大蒜

igitungurusumu

竹子

umugano

洋蔥

igitunguru

蘑菇

ikizinu

堅果

ibiyoba

麵條

amakaroni

義大利麵

spagetti

米飯

umuceri

沙拉

isarade

薯條

ifiriti

炸馬鈴薯

ifiriti

披薩餅

piza

漢堡

hamburugere

三明治

sandwich

炸豬排

infungugwa bita escalope

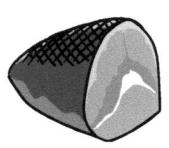

火腿

jambo

義大利臘腸

salami

香腸

isosiso

雞肉

inyama y' inkoko

烤肉

umusoso

魚

ifi

燕麥片
fungugwa bita flocons d'avoine

木斯里
imfungugwa bita müsli

玉米片
infungugwa bita corn - flakes

麵粉
ifarini

牛角麵包
umukate bita croissant

麵包捲
umukate muto

麵包
umukate

吐司
umukate bashusha

餅乾
ibisuguti

奶油
amavuta

凝乳
iforomaji yera

蛋糕
igato

蛋
irigi

煎蛋
amafunguro bita oeuf au plat

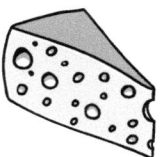

起司
iformaji

冰淇淋

infungugwa bita crème
glacée

糖

isukari

蜂蜜

ubuki

果醬

ikonfitire

巧克力醬

imfungugwa bita praliné

咖哩

infungugwa bita curry

農場

ubwororero

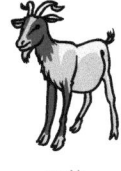

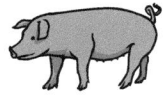

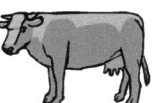

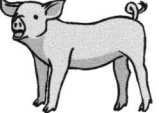

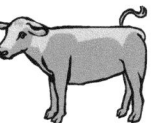

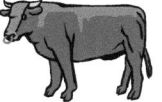

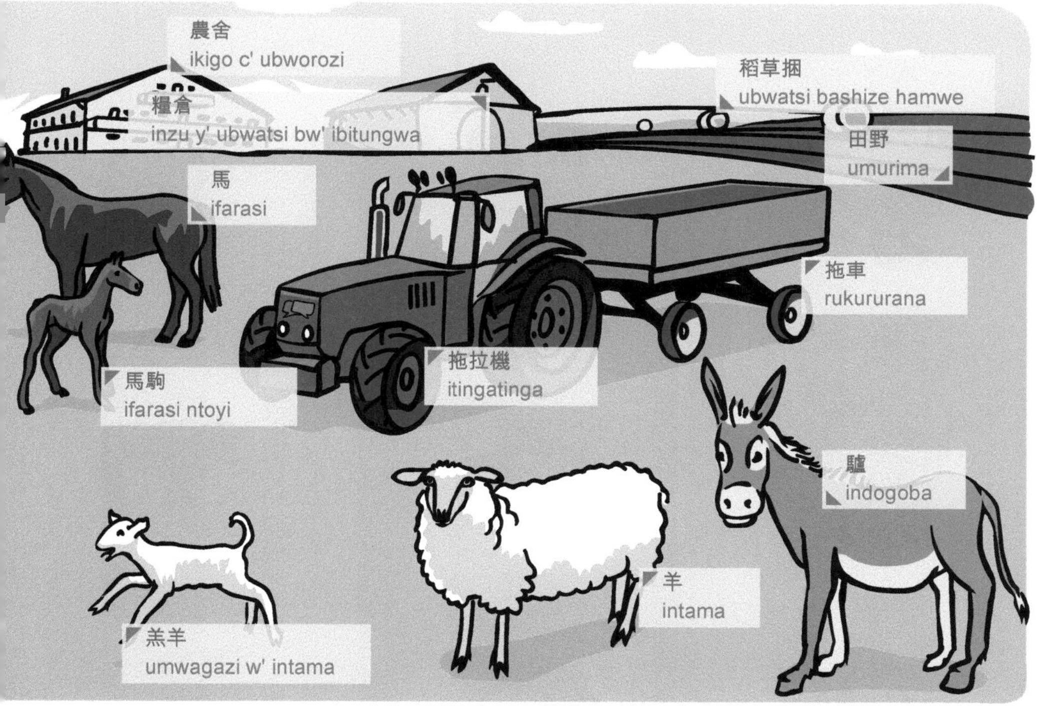

農舍
ikigo c' ubworozi
糧倉
inzu y' ubwatsi bw' ibitungwa
稻草捆
ubwatsi bashize hamwe
田野
umurima
馬
ifarasi
拖車
rukururana
拖拉機
itingatinga
馬駒
ifarasi ntoyi
驢
indogoba
羊
intama
羔羊
umwagazi w' intama

山羊

impene

奶牛

inka

小牛

inyana

豬

ingurube

小豬

ikibuguru

公牛

impfizi

鵝
inyoni yitwa oie

鴨
imbata

小雞
umuswi

母雞
inkokokazi

公雞
isake

鼠
imbeba nini

貓
akayabu

老鼠
imbeba

牛
ishuri

狗
imbwa

狗屋
umusaka w'imbwa

花園澆水軟管
umuringoti wo kuvomerera
umurima

澆水壺
ico bakoresha basukira
amashurwe

長柄大鐮刀
urukero

犁
majagu

鐮刀

umuhoro

鋤頭

isuka

長柄草耙

ikinyanyagiza ibitabizo irya n'ino

斧頭

ishoka

獨輪手推車

inkorofani

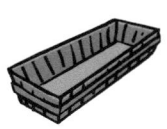

飼料槽

ubwato

牛奶罐

icansi

麻布袋

umufuko

柵欄

urugo

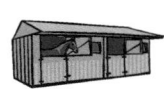

馬廄

indaro y' ibitungwa

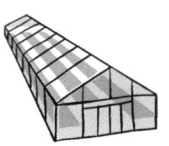

溫室

utuzu bashusha kugirango ibimera birimwo bikure

土壤

isi

種子

imbuto

肥料

ifumbire

聯合收割機

imashini yimbura

收割

kwimbura

收割

umwimbu

地瓜

infungugwa bita igname

小麥

ingano

大豆

isoya

土豆

ikiraya

玉米

ikigori

油菜籽

ubwoko bw' ingano bita colza

果樹

igiti c' ivyamwa

樹薯

imyumbati

穀物

ibinyantete

房子

inzu

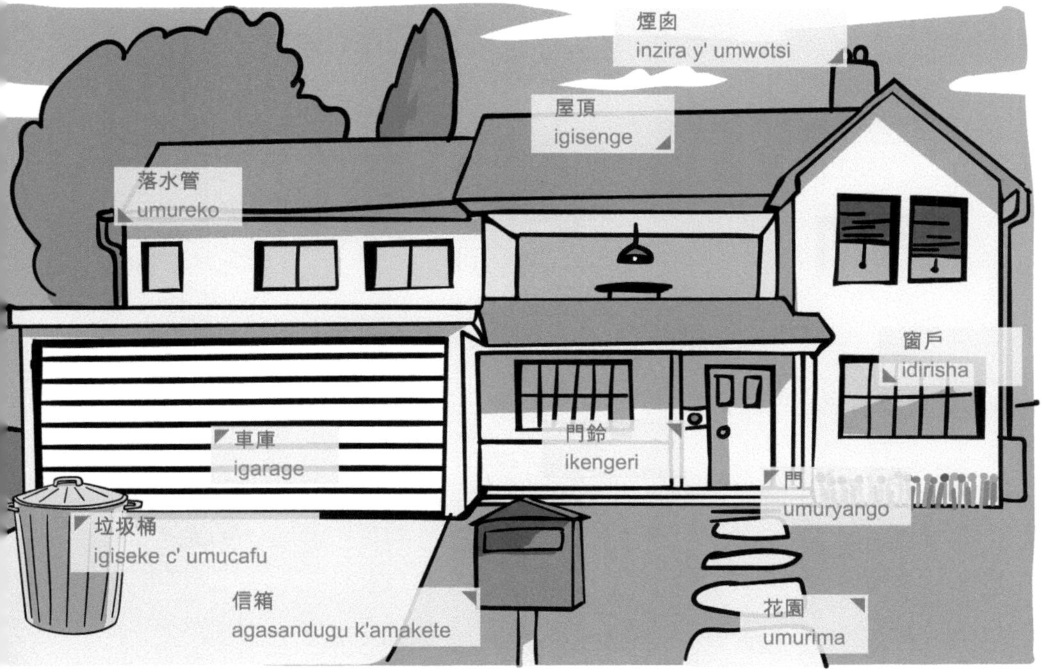

煙囪
inzira y' umwotsi
屋頂
igisenge
落水管
umureko
窗戶
idirisha
車庫
igarage
門鈴
ikengeri
門
umuryango
垃圾桶
igiseke c' umucafu
信箱
agasandugu k'amakete
花園
umurima

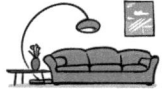

客廳

isaro

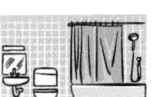

浴室

ubwogero

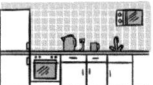

廚房

igikoni

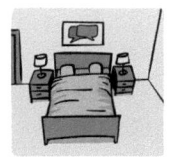

臥室

icumba co kuraramo

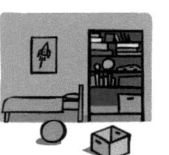

兒童房

icumba c' umwana

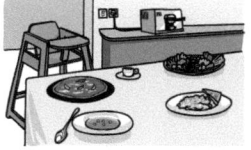

餐廳

uburiro

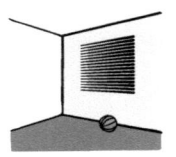

地板
hasi

牆壁
uruhome

天花板
igisenge c' inzu

地窖
kave

三溫暖
sauna

陽臺
ibaraza

露臺
ibaraza

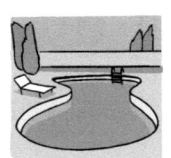

游泳池
aho bogera

割草機
itondezi

被單
igikaratasi

床罩
uburengeti

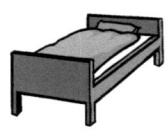

床
uburiri

掃帚
umweyerezo

水桶
indobo

開關
akabuto

客廳
isaro

壁紙
igisharizo
相片
isanamu
檯燈
itara
擱架
akabati
櫥櫃
akabati
電視
imboneshakure
壁爐
igicaniro
花
ishugwe
墊子
umusagamiro
沙發
ifoteyi
花瓶
ivaze
遙控器
terekomande

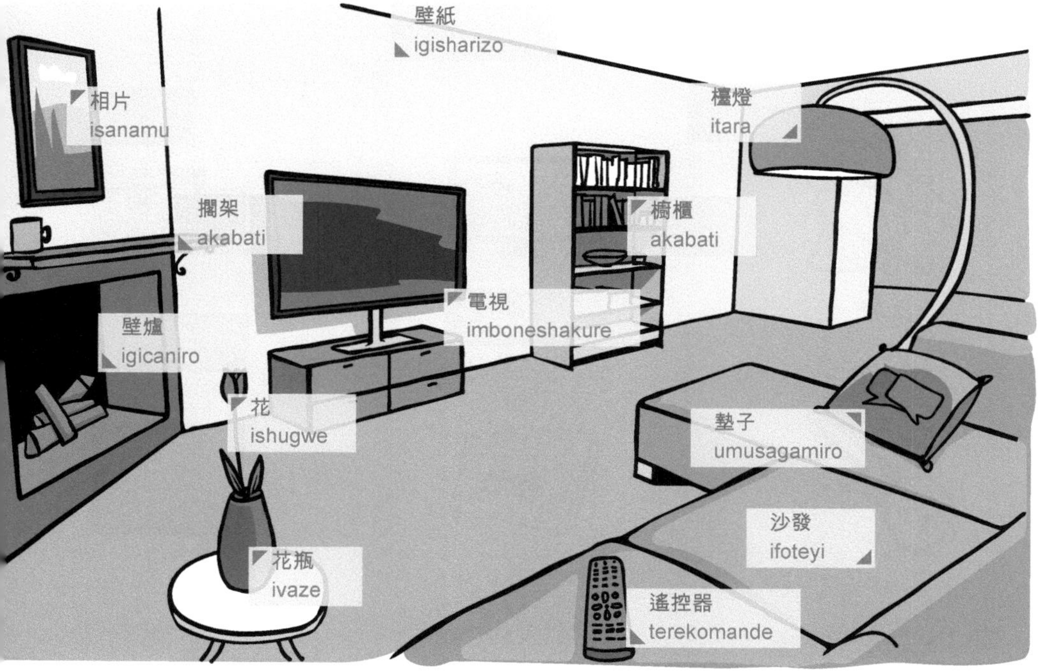

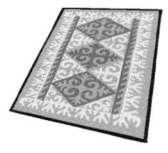

地毯
itapi

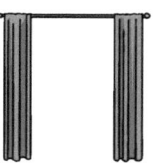

窗簾
irido

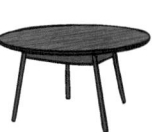

餐桌
ameza

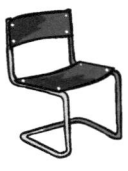

椅子
intebe

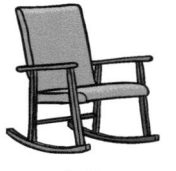

搖椅
intebe icundera

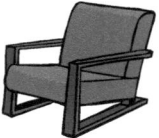

扶手椅
ifoteyi

書
igitabo

毯子
ikirengeti

裝飾品
ibitako

木柴
inkwi

電影
ireresi

高傳真音響
ivyuma vy' umuziki

鑰匙
urufunguruzo

報紙
ikinyamakuru

油畫
gusiga amarangi

海報
isanamu nini

收音機
insamirizi

筆記本
ikaye ndangaminsi

吸塵器
asipirateri

仙人掌
icimera bita cactus

蠟燭
ibuji

廚房

igikoni

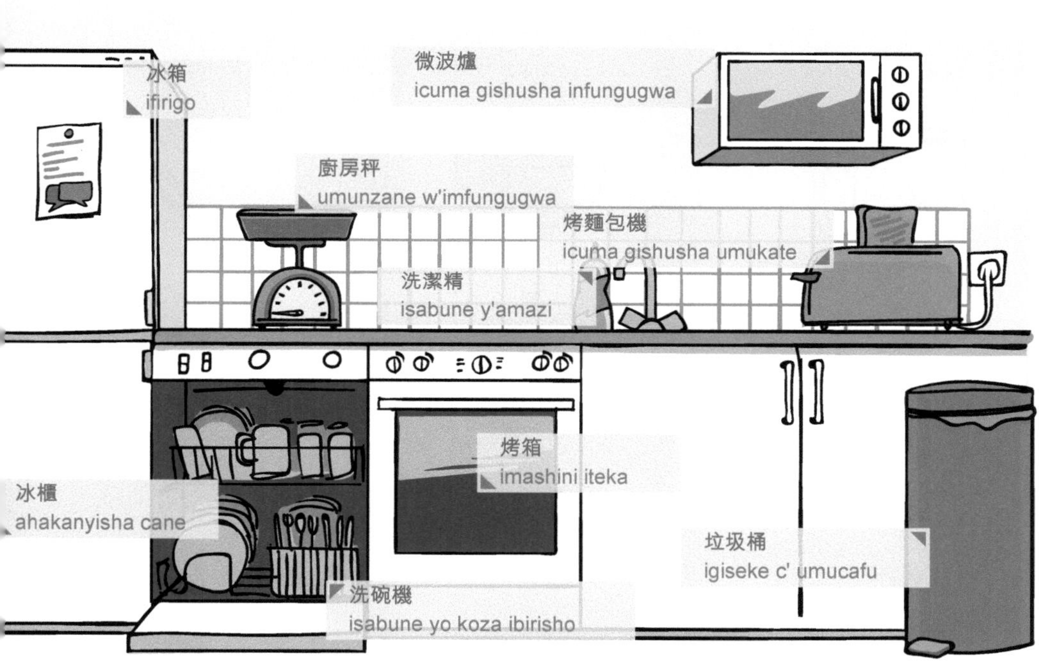

冰箱
ifirigo
微波爐
icuma gishusha infungugwa
廚房秤
umunzane w'imfungugwa
烤麵包機
icuma gishusha umukate
洗潔精
isabune y'amazi
烤箱
imashini iteka
冰櫃
ahakanyisha cane
垃圾桶
igiseke c' umucafu
洗碗機
isabune yo koza ibirisho

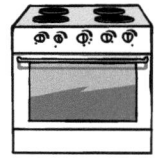

炊具

ishiga

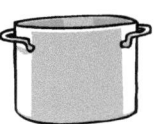

鍋

isafuriya

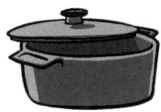

鑄鐵鍋

isafuriya y' icuma

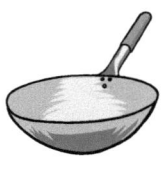

炒鍋

ipanu bita wok

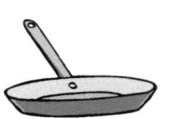

平底鍋

ipanu

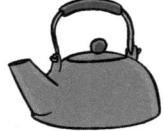

水壺

akuma gashusha amazi

蒸鍋

isafuriya itekesha umuhisha

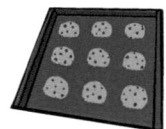

烤盤

ico bakorerako imikate

陶瓷鍋

ibirisho

馬克杯

igikombe

碗

ibakure

筷子

uduti two kurisha

長柄勺

icaruzo c' isupu

鏟子

ikimamiro

攪拌器

agakubitisho

濾網

imashini isya ibifungurwa

篩子

akayunguruzo

磨碎機

agakatakata imfungugwa

研缽

agasekuro

燒烤

icokerezo

明火

urucaniro

菜板

urubaho rwo gukatirako

擀麵杖

akabaho bakoresha spageti

開瓶器

urupfunguzo rw'umuvinyu

罐子

agasandugu

開罐器

urupfunguzo
rw'agasandugu

隔熱手套

ivyo gufatisha isafuriya
ishushe

水槽

icogerezo

刷子

uburoso

海綿

ivyogesho

攪拌機

imigiseri

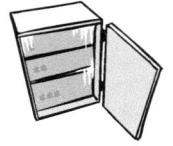

冷藏箱

frigo nini ikanyisha cane

奶瓶

bibero

水龍頭

ivomo

浴室

ubwogero

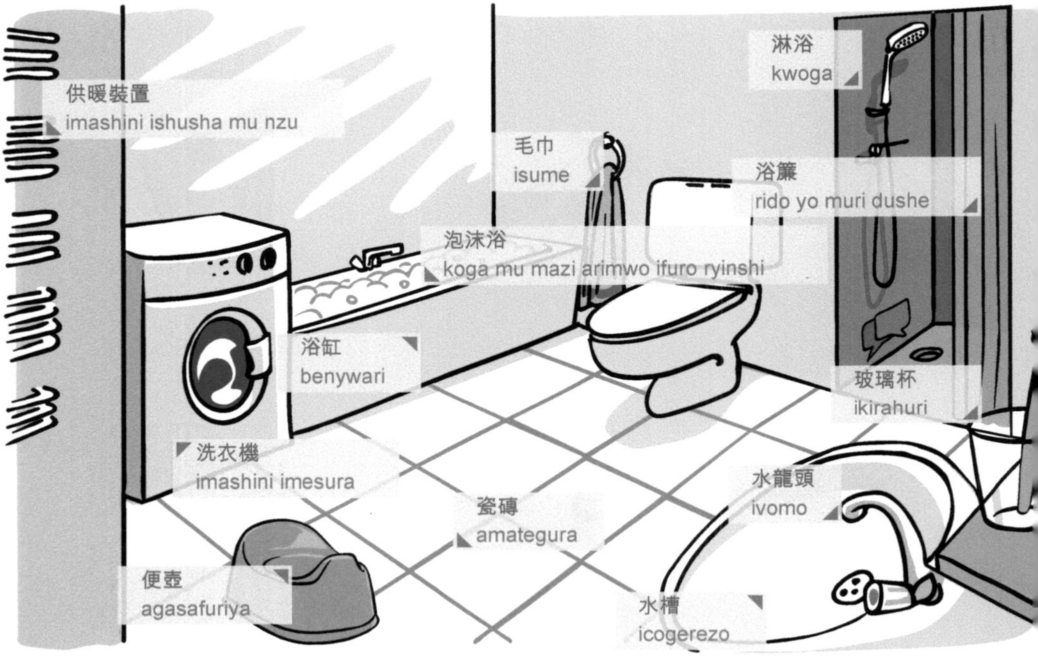

淋浴
kwoga
供暖裝置
imashini ishusha mu nzu
毛巾
isume
浴簾
rido yo muri dushe
泡沫浴
koga mu mazi arimwo ifuro ryinshi
浴缸
benywari
玻璃杯
ikirahuri
洗衣機
imashini imesura
水龍頭
ivomo
瓷磚
amategura
便壺
agasafuriya
水槽
icogerezo

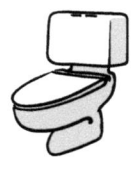

廁所

Akazu ka surwumwe

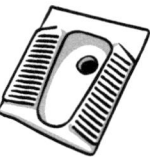

蹲便器

akazu ka surwumwe k'ikirundi

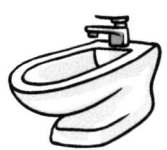

坐浴器

akantu gatoya bogeraho

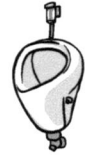

小便斗

aho basoba

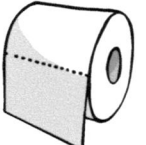

廁紙

ibikaratase vyo kwi sukuza mu nzu ya surwumwe

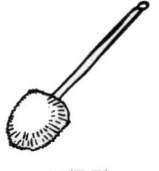

馬桶刷

uburoso bwoza akazu ka surwumwe

牙刷
umujigiti

牙膏
umuti wo koza amenyo

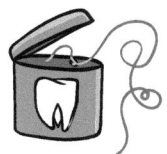

牙線
utugozi two gusukura amenyo

洗
koza

手持式蓮蓬頭
ikinyuko

沖洗器
ubwoko bwa dushe

洗臉盆
ico bakarabiramo intoki

洗背刷
uburoso busukura mu mugongo

肥皂
isabune

沐浴露
isabuni yo kwoga

洗髮乳
shampo

法蘭絨
agatambara ko kwisukura

排水
umuringoti

乳霜
amavuta yo kwisiga

除臭劑
iparufe yo mu kwaha

鏡子

icirore

手鏡

icirore

刮鬍刀

imashini imwa ubwanwa

刮鬍泡沫

ifuro ryo kumwa ubwanwa

鬍後水

umuti basiga aho bamoye

梳子

igisokozo

刷子

uburoso

吹風機

akuma kumutsa umushatsi

噴髮定型劑

amavuta bapuriza mu
mushatsi

化妝品

ibikoresho vyo kwipodora

唇膏

amavuta afise ibara yo
k'umunywa

指甲油

verni y'inzara

化妝棉

ipampa

指甲剪

umukasi uca inzara

香水

iparufe

洗漱包

gasaho k' ivyo kwisukura ku rugendo

凳子

agatebe

計重秤

umunzane

浴袍

penywari

橡膠手套

udufuko tw' intoke iyo bakora isuku

衛生棉條

kotegisi

衛生棉

kotegisi

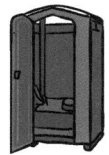

化學廁所

ubwoko bw'akazu ka surwumwe

兒童房

icumba c' umwana

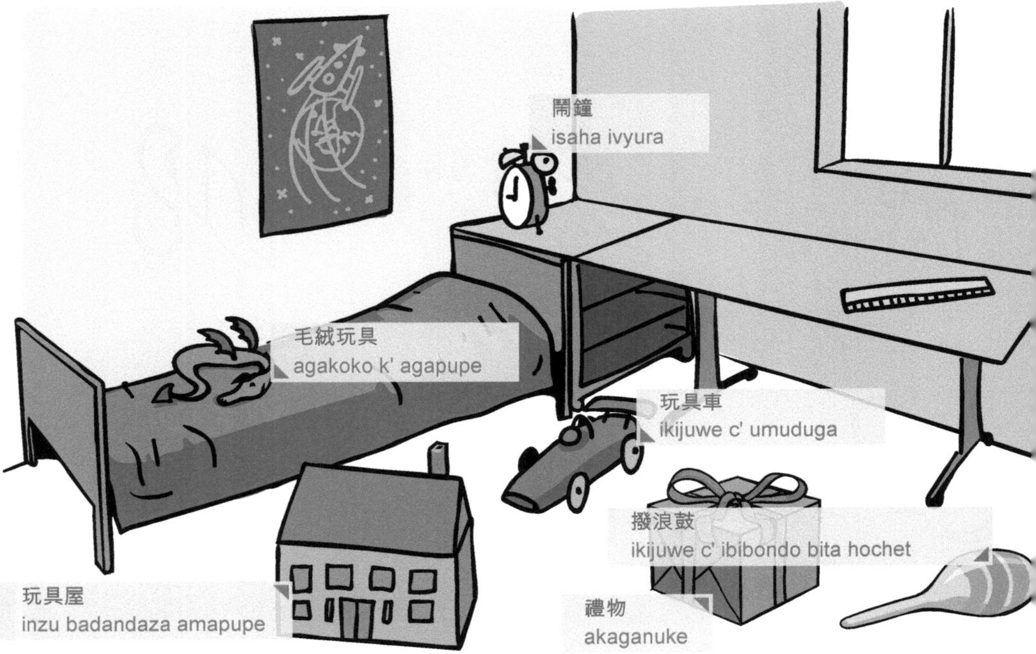

鬧鐘
isaha ivyura
毛絨玩具
agakoko k' agapupe
玩具車
ikijuwe c' umuduga
撥浪鼓
ikijuwe c' ibibondo bita hochet
玩具屋
inzu badandaza amapupe
禮物
akaganuke

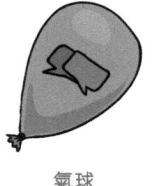

氣球

igipurizo

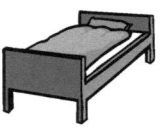

床

uburiri

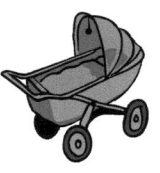

嬰兒車

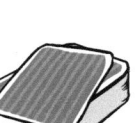

撲克牌

urukino rw' ikarata

拼圖

urukino bita puzile

SUPER
MEGA

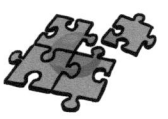

漫畫

ibitabo vy' amashusho

樂高積木

urukino bita lego

積木玩具

ibijuwe vyo kubaka

公仔

ipupe

嬰兒服

impuzu yo kurarana y abana

飛盤

urukino bita frisbi

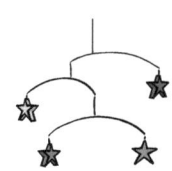

床鈴玩具

udukinisho two ku buriri bw' ibibondo

棋盤遊戲

urukino rwo kumeza

骰子

agakinisho bita de

火車模型

gari ya moshi z' ibikinisho

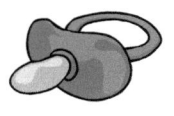

安撫奶嘴

madanganya

派對

umunsi mukuru

繪本

igitabo c' ibicapo

球

umupira

洋娃娃

igipupe

玩

gukina

沙坑
umusenyi abana
bakiniramwo

鞦韆
uruvuma

玩具
ikijuwe

電玩遊戲
urukino nyabwonko

三輪車
ikinga ry'amapine atatu

泰迪熊
igikoko bita ours c 'ikijuwe

衣櫃
akabati k' impuzu

衣服
impuzu

襪子
amashesheti

長襪
amashesheti maremare

緊身褲
ubwoko bw'impuzu zifata
kandi zigaruka cane

圍巾
furari

雨傘
umwumvuri

皮帶
umusipi

T恤
agapira kadafise amabok

靴子
ibirato biduga kumurundi

拖鞋
ibirato vyo mu nzu

運動鞋
ibirato vya tenis

涼鞋
isandari

鞋
ibirato

雨靴
ingamiya

內褲
imwesho

胸罩
isutiye

背心
isengeri

身體

impuzu z' imbere

褲子

ipantaro

牛仔褲

ijinisi

短裙

ijipo

女式襯衫

agashati koroshe kabagore

襯衫

ishati

套頭衫

umupira w' imbeho

連帽上衣

umupira w'imbeho ufise
inkofero

西裝夾克

blazeri

夾克

ikoti

外套

ikoti rirerire

雨衣

ikoti y'imvura

套裝

kositime

連衣裙

ikanzu

婚紗

ikazu y'umugeni

西裝
kositime

睡袍
ikanzu yo kurarana

睡衣
impuzu z' ijoro

莎麗
imvutano z'abahindi

頭巾
igitambara co mu mutwe

包頭巾
igitambara co mu mutwe
bita turban

波卡
impuzu z' abasiramukazi

卡夫坦
ikanzu bita kaftan

(阿拉伯式)長袍
impuzu y' abasiramu

泳衣
impuzu yo kogana

男式泳褲
impuzu yo kwogana
y'abagabo

短褲
imwesho

運動服
itereningi

圍裙
itaburiya

手套
udufuko tw' intoke

鈕扣
igifungo

眼鏡
amarori

手鏈
igikomo

項鍊
akadede

戒指
impeta

耳環
ihereni

便帽
inkofero

衣架
porutemanto

帽子
inkofero

領帶
karavate

拉鍊
imashini

安全帽
inkofero yo kwikingira

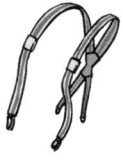

背帶
imisipi

校服
impuzu y' ishure

制服
umwambaro rusangi
w'ahantu

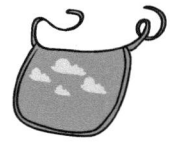

圍兜

wo bambika ibibondo iyo birya

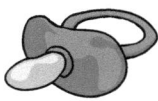

安撫奶嘴

madanganya

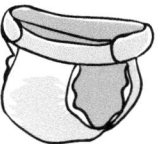

尿布

iranje

辦公室

ibiro

伺服器
seriveri
檔案櫃
akabati k' ivyangombwa
印表機
empirimante
karatasi
螢幕
ekra
辦公桌
ameza yo kwandikirako
滑鼠
suri
資料夾
ico bashiramwo ivyangombwa
鍵盤
karaviye
椅子
intebe
ke bajugunyamo amakaratasi
電腦
nyabwonko

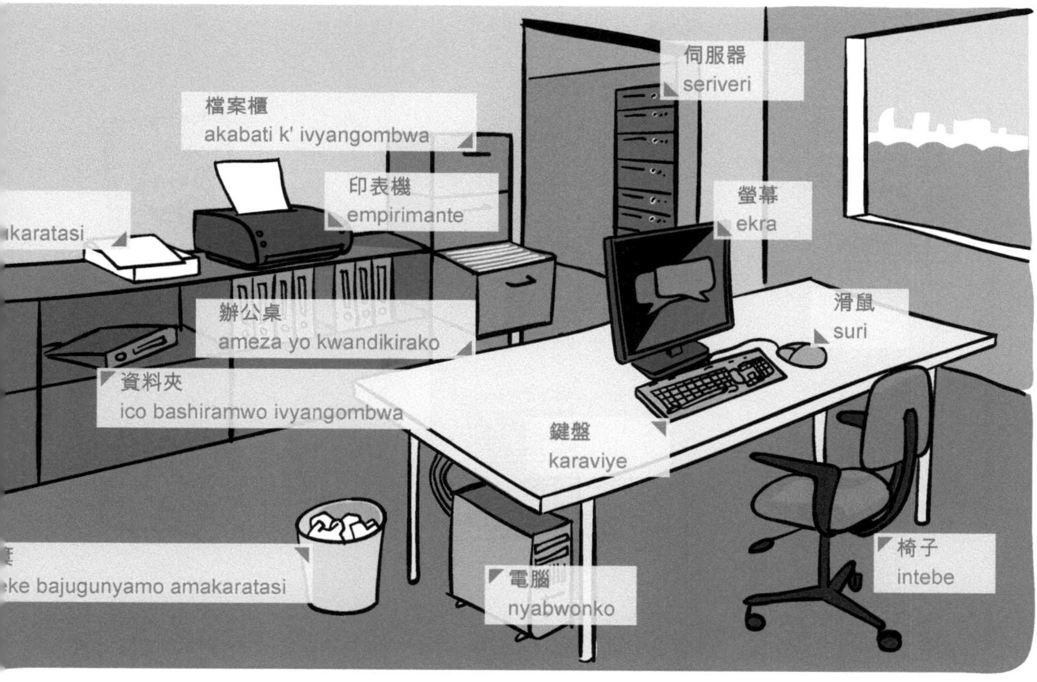

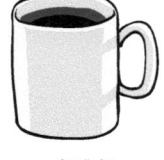

咖啡杯

igikombe c' ikawa

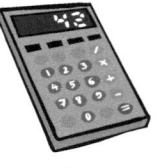

計算機

imashini iharura

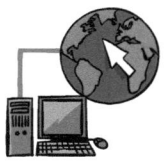

網際網路

ubuhinga ngurukanabumenyi

筆記型電腦
inyabwonko ngendanwa

信件
ikete

簡訊
ubutumwa

行動電話
telefoni ngendanwa

網路
rezo

影印機
fotokopiyeze

軟體
rojisiyeri

電話
telefoni

插座
purize

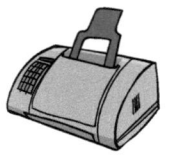

傳真機
fagisi

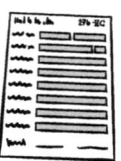

表格
urukaratasi rwo kuzuza

檔案
icangombwa

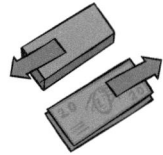

買

kugura

付錢

kuriha

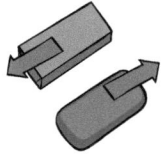

交易

kudandaza

現金

amahera

美元

idorari

歐元

iyero

日元

iyene

盧布

amahera y' abarusiya

瑞士法郎

amahera y' abasuwisi

人民幣

amahera bita renmimbi
yuan

盧比

amahera bita rupi

提款處

icuma gitanga amahera

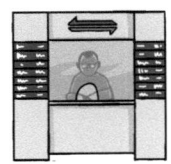

外幣兌換處
ku bavunjayi

金
inzahabu

銀
umujumbu

石油
ipeteroli

能源
inguvu

價格
ikiguzi

合約
amasezerano

稅金
amakori

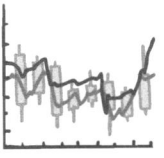

股票
igice

工作
gukora

職員
umukozi

老闆
umukoresha

工廠
ihinguriro

商店
akaduka

職業

imirimo

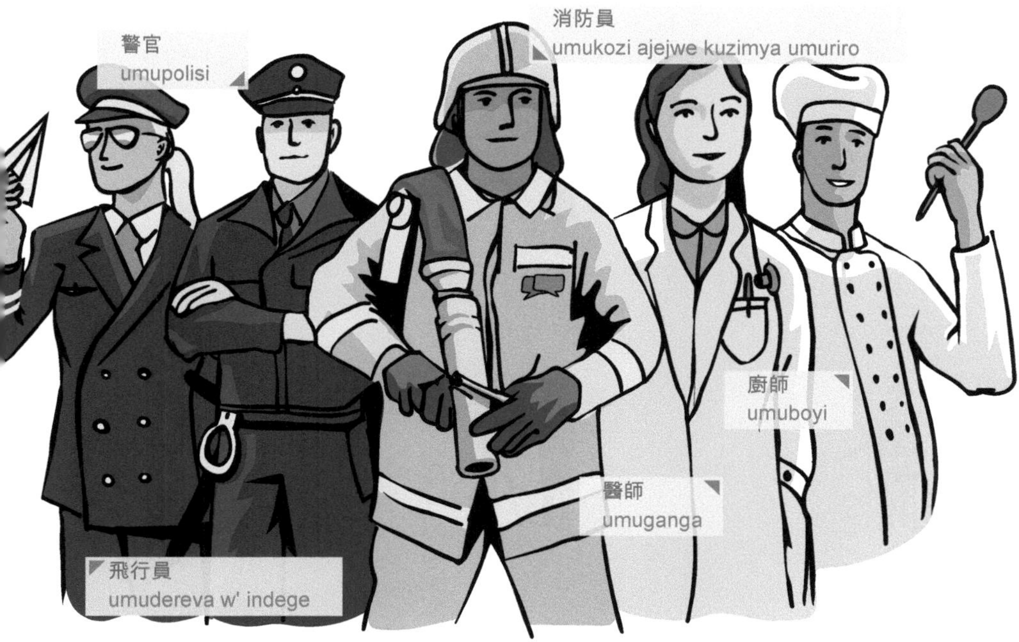

警官
umupolisi
消防員
umukozi ajejwe kuzimya umuriro
廚師
umuboyi
醫師
umuganga
飛行員
umudereva w' indege

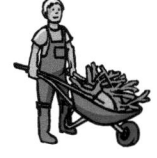

園丁

nukozi akora murikarima

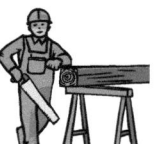

木匠

umubaji

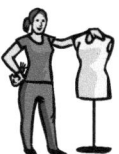

裁縫

umushonyi

法官

umucamanza

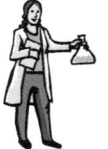

化學家

umuhinga mu vya chimie

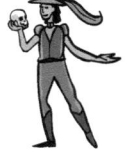

演員

umukinyi w'amareresi

公車司機

umudereva w' ibisi

計程車司機

umudereva w' itagisi

漁夫

umurovyi

清洗女工

umuzezwanzukazi

屋頂工

sharupantiye

服務生

umukozi wo muburiro
n'ubunywero

獵人

umuhigi

畫家

umufundi w' amarangi

麵包師

umuntu akora imikate

電工

umufundi w' amatara

建築工人

umwubatsi

工程師

enjeniyeri

屠夫

umuyangayanga

水管工

umufundi w' amazi

郵差

umuparanto

士兵

umusoda

建築師

umuntu acapa inyubako

收銀員

umuntu yakira amahera

花農

ukozi ajejwe amashugwe

理髮師

kimyozi

售票員

kontororeri

機械技師

umufundi w' imiduga

船長

umudereva w' ubwato

牙醫

umuganga w' amenyo

科學家

muhinga mu vya siyansi

拉比

umuhinga mu bayahudi bita
rabi

伊瑪目

imame

和尚

umuvugiramana

牧師

umuvugiramana

工具
ibikoresho vy' ubwubatsi

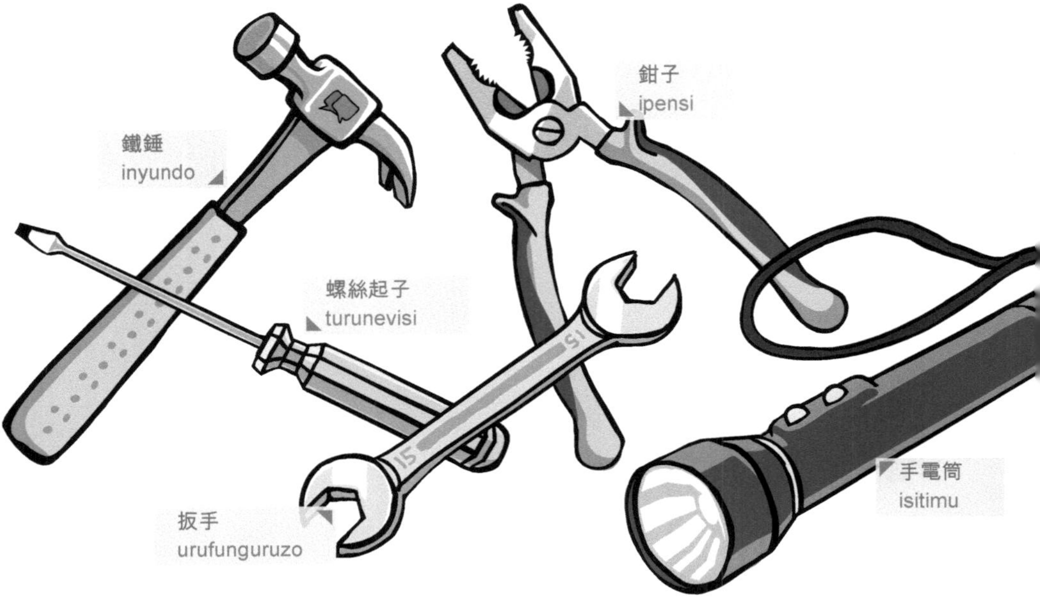
鐵錘
inyundo
鉗子
ipensi
螺絲起子
turunevisi
扳手
urufunguruzo
手電筒
isitimu

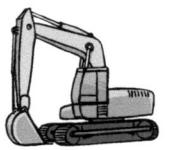

挖掘機

tingatinga

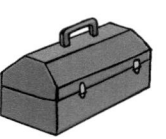

工具箱

isaho y' ibikoresho

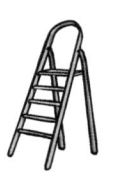

梯子

ingazi

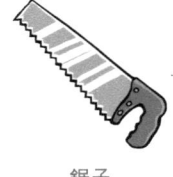

鋸子

umusumeno

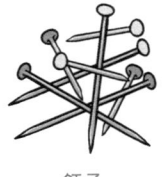

釘子

imisumari

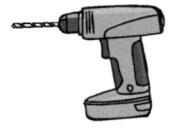

鑽機

icuma bita foreuse

修
gukora

鏟子
igipawa

糟糕！
asyi!

畚箕
agaterura umucafu

油漆桶
indobo y' irangi

螺絲
ivis

樂器

ivyuma vyo gucuraranga

揚聲器
icuma bita Haut parleur

打擊樂器
icuma ca musika bita batterie

吉他
igitari

低音提琴
icuma ca musika bita contrebasse

小號
icuma ca musika bita trompette

鋼琴

icuma ca musika bita piano

小提琴

icuma ca musika bita violon

貝斯

gitare icuranga Bass

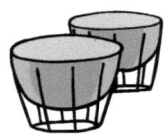

定音鼓

icuma ca musika bita
timbale

鼓

ingoma

電子琴

icuma ca musika bita piano
electrique

薩克斯風

icuma ca musika bita
saxophone

長笛

umwirongi

麥克風

mikoro

動物園

iratiro ry' ibikoko

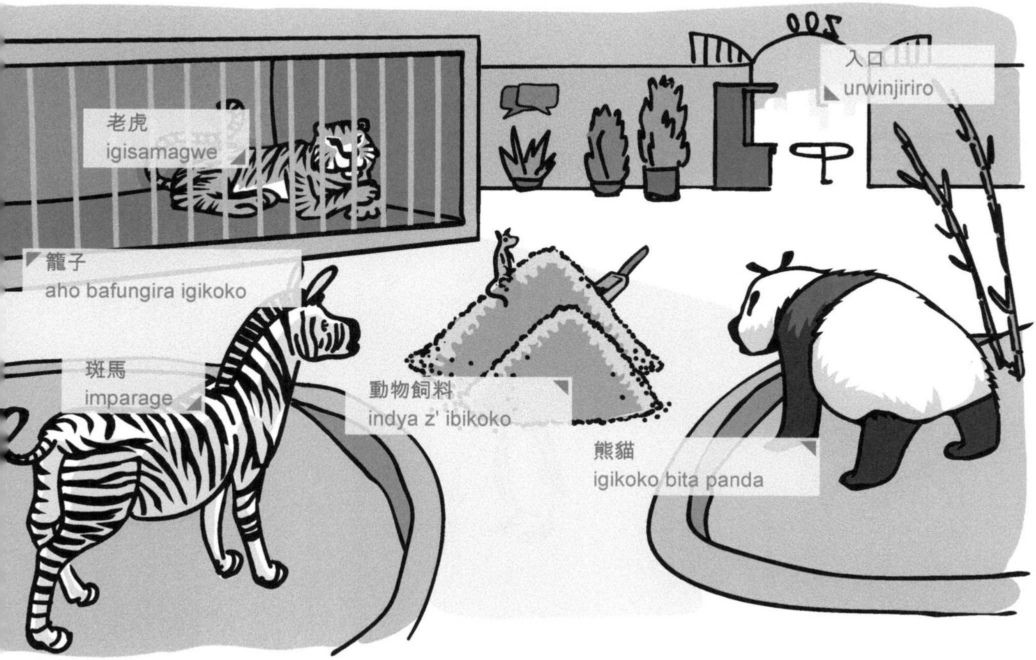

入口
urwinjiriro
老虎
igisamagwe
籠子
aho bafungira igikoko
斑馬
imparage
動物飼料
indya z' ibikoko
熊貓
igikoko bita panda

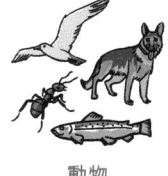

動物

ibikoko

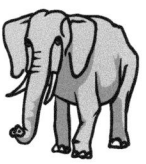

大象

inzovu

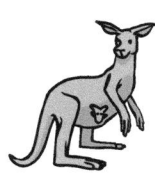

袋鼠

Kanguru

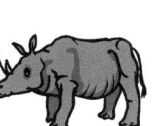

犀牛

igikoko bita Rhynoceros

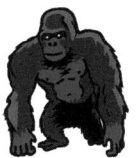

大猩猩

inguge

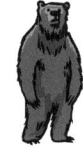

熊

igikoko bita ours

駱駝

ingamiya

鴕鳥

inyoni bita autriche

獅子

intare

猴子

inkende

紅鶴

inyoni bita flamant rose

鸚鵡

gasuku

北極熊

igikoko bita ours blanc

企鵝

inyoni bita pinguin

鯊魚

ifi bita requin

孔雀

inyoni bita paon

蛇

inzoka

鱷魚

ingona

動物園管理員

umurinzi w' iratiro ry' ibikoko

海豹

igikoko bita phoque

美洲豹

igikoko bita jaguar

矮種馬

woko bw' ifarasi bita pony

豹

ingwe

河馬

imvubu

長頸鹿

umusumbarembo

老鷹

agaca

野豬

ingurube y' ishamba

魚

ifi

龜

akanyamasyo

海象

igikoko bita morse

狐狸

imbwebwe

羚羊

ingeregere

橄欖球
urukino rwa football yo muri amerika

騎腳踏車
ugusiganwa ku makinga

網球
urukino rwa tennis

籃球
urukino rwa basketball

游泳
koga

拳擊
urukino rw' ingumu

冰球
urukino rwa ice-hockey

美式足球
umupira w'amaguru

羽毛球
urukino rwa badminton

田徑
ubunonotsi

手球
urukino rwa handball

滑雪
urukino rwa ski

馬球
urukino rwa Polo

跳
gusimba

擁抱
kugumbirana

笑
gutwenga

走路
kugenda

唱
kuririmba

做夢
kurota

祈禱
gusenga

親吻
gusoma

書寫
kwandika

畫
gucapa

展示
kwereka

推
gusuguma

給
gutanga

拿
gutora

有
kugira

做
kugira

當
kuba

站
guhagarara

跑
kwiruka

拉
gukwega

丟
guta

摔倒
gutemba

躺
kurambarara hasi

等待
kurindira

攜帶
gutwara

坐
kwicara

穿衣
kwambara

睡覺
kuryama

醒來
kuvyuka

看

kuraba

哭

kurira

擊

kwagaza

梳頭

gusokoza

交談

kuvuga

明白

gutahura

問

kubaza

聽

kumviriza

喝

kunywa

吃

gufungura

清理

gutondeka

愛

gukunda

做飯

guteka

開車

gutwara

飛

kuguruka

航行

kugira siporo bita voile

計算

guharura

讀

gusoma

學習

kwiga

工作

gukora

結婚

kurongora

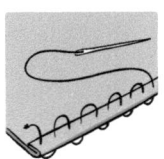

縫

gushona

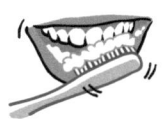

刷牙

kwijigitura

殺

kwica

抽菸

kunywa itabi

寄

kurungika

umuryango

祖母
nyokuru

祖父
sokuru

父親
data

母親
mama

嬰兒
ikobondo

女兒
umukobwa

兒子
umuhungu

客人
umushitsi

阿姨
masenge

叔叔
marume

兄弟
musaza w' umuntu

姐妹
mushiki w' umuntu

身體

umubiri

前額
agahanga
眼睛
ijisho
肩膀
urutugu
手指
urutoki
臉
isura
下巴
agasakanwa
手
ikiganza
腿
ukuguru
乳房
agatuntu
手臂
ukuboko

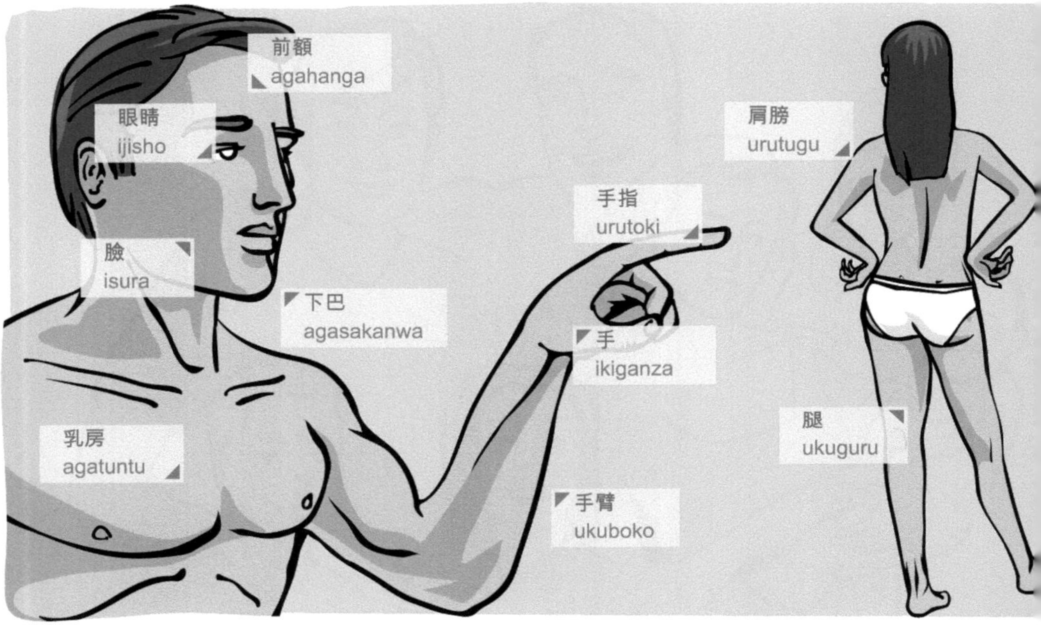

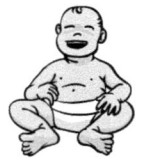

嬰兒

ikobondo

男人

umugabo

女人

umugore

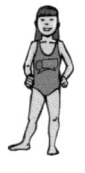

女孩

umwigeme

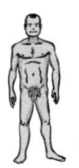

男孩

umuhungu

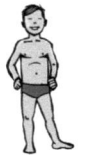

頭

umutwe

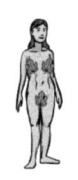

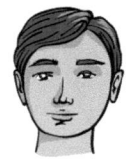

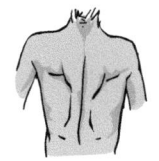

背部
umugongo

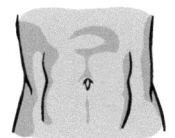

肚子
inda

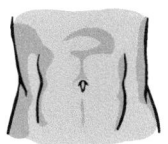

肚臍
umukondo

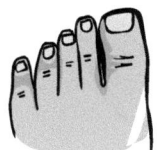

腳趾
ino

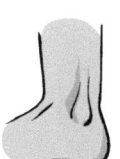

腳後跟
agatsintsiri

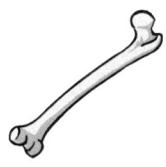

骨頭
igufa

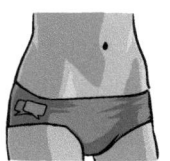

臀部
ku mafyigo

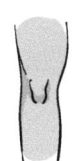

膝蓋
ivi

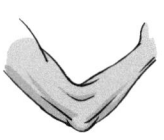

手肘
inkokora

鼻子
izuru

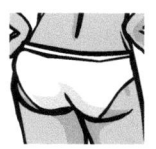

屁股
igisusu

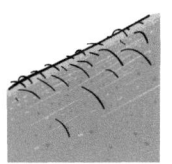

皮膚
urukoba

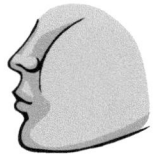

臉頰
itama

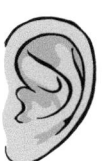

耳朵
ugutwi

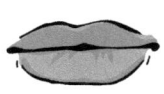

嘴唇
umunwa

嘴

umunwa

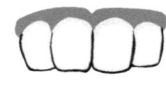

牙齒

iryinyo

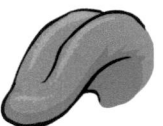

舌頭

ururimi

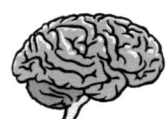

腦

ubwonko

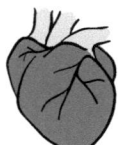

心臟

umutima

肌肉

umutsi

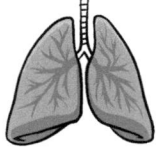

肺

ihaha

肝臟

igitigu

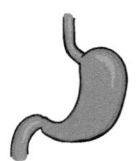

胃

umushishito

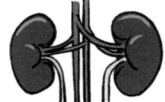

腎臟

amafyigo

性交

kurangura amabanga
y'abubatse

保險套

agapfuko

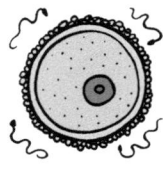

卵子

imbuto y' umugore

精子

imbuto y'umugabo

懷孕

imbanyi

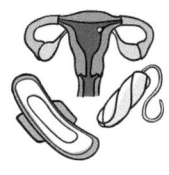

月事

kuja mu kwezi

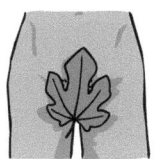

陰道

igituba

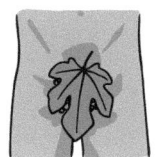

陰莖

imboro

眉毛

ingohe

頭髮

umushatsi

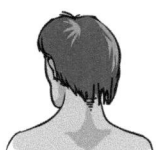

脖子

izosi

醫院

ibitaro

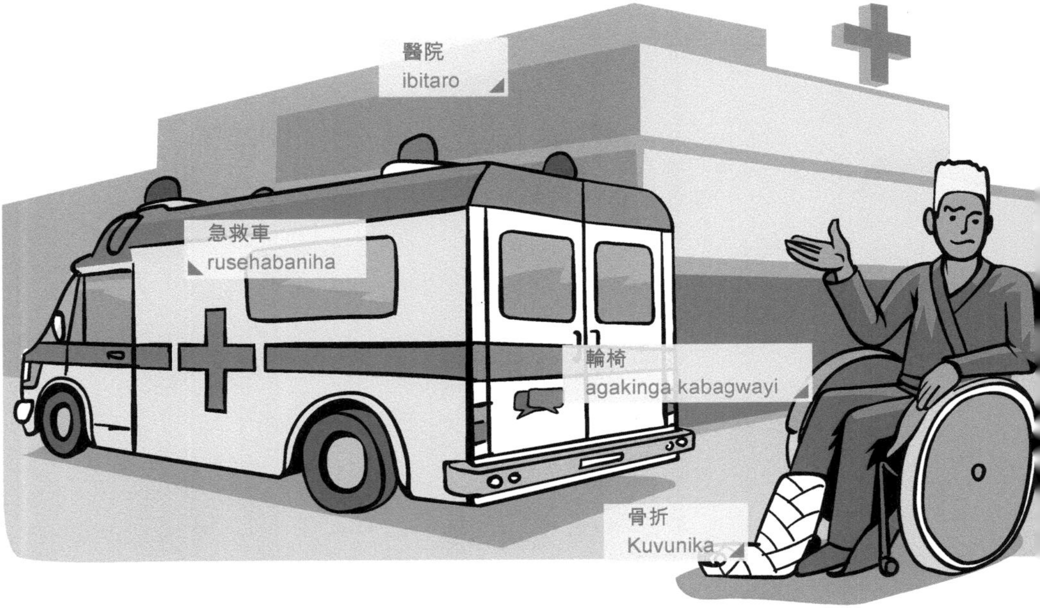

醫院
ibitaro
急救車
rusehabaniha
輪椅
agakinga kabagwayi
骨折
Kuvunika

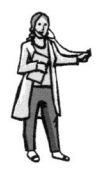

醫師

umuganga

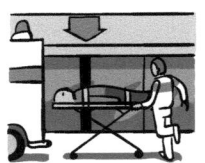

急診室

mundembe

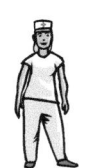

護理師

umuforomokazi

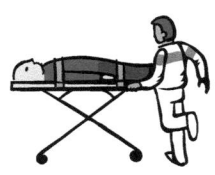

緊急情形

irijanse

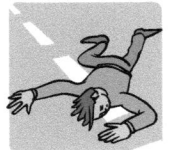

昏迷

guta ubwenge

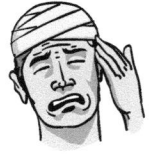

痛

ububabare

受傷

igikomere

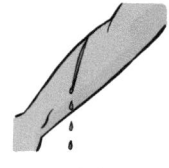

出血

kuva amaraso

心臟病發作

uguhagarara k' umutima

中風

kuvira indani

過敏

guhurirwa

咳嗽

inkorora

發燒

ubushuhe bw'umubiri

流感

giripe

腹瀉

gucibwamwo

頭痛

kumeneka umutwe

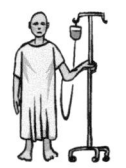

癌症

Kanseri

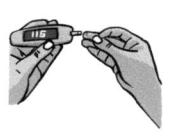

糖尿病

Diyabeti

外科醫師

uganga ajejwe kubaga

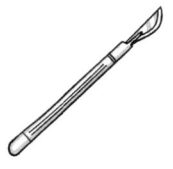

手術刀

akuma ka muganga ubaga

手術

kubagwa

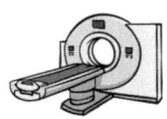

電腦斷層掃描

sikaneri

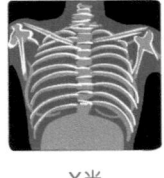

X光

radiyogarafi

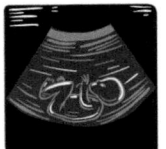

超音波

ekogarafi

口罩

masike

疾病

indwara

候診室

aho kurindirira

拐杖

icishimikizo

石膏

gufuka igikomere

繃帶

gufuka igikomere

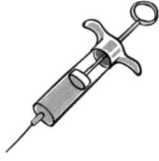

注射

gutera urushinge

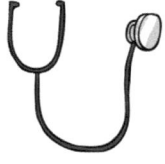

聽診器

icuma cumviriza amahaha
n'umutima

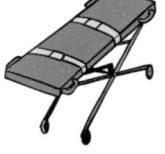

擔架

ingovyi

體溫計

igipima umuriro w' umubiri

出生

kuvuka

超重

umuvyibuho urengeje

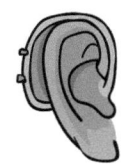

助聽器

gifasha umuntu kumva neza

消毒液

imiti y' ibikomere

感染

kwandura

病毒

umugera

愛滋病

umugera wa sida

藥物

ubuvuzi

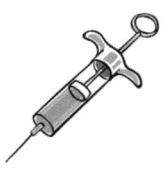

接種疫苗

guhabwa urucanco

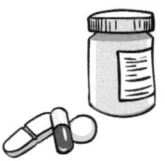

藥片

ibinini

藥丸

ikinini mbonezamvyaro

急救電話

telefone itabaza

血壓計

igipima umuvuduko w' amaraso

生病/健康

arwaye / akomeye

救命！

muntabare!

警報

ikengere

突擊

igitero

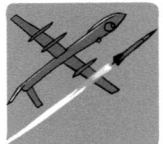

攻擊

igitero

危險

ibihe bikomeye

緊急出口

icanzo

失火了！

umuriro!

滅火器

ikizimyamwoto

意外

isanganya

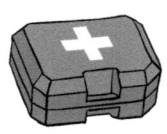

急救箱

isanduku y' ubutabazi

呼救訊號

ubutabazi

員警

igipolisi

歐洲

Buraya

北美洲

Uburaruko bw' amerika

南美洲

Ubumanuko bw' amerika

非洲

Afurika

亞洲

Aziya

澳洲

Ositarariya

大西洋

ibahari y' Antalantika

太平洋

ibahari ya Pasifika

印度洋

ibahari y' Ubuhinde

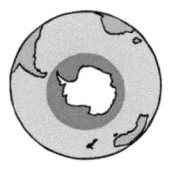

南冰洋

ibahari y' Antaragitika

北冰洋

ibahari y' Aragitika

北極

Uburaruko bw' umubumbe
w' isi

南極
Ubumanuko bw' umubumbe
w' isi

南極洲
antaragitika

地球
isi

陸地
isi

海
ibahari

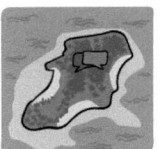

島
izinga

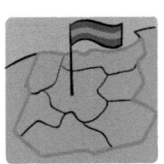

國家
igihugu

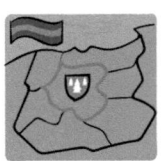

州
reta

錶盤

aho barabira isaha

時針

urushinge rw' amasaha

分針

urushinge rw' iminota

秒針

ushinge rw' amasegonda

現在幾點？

ni gihe ki?

天

umunsi

時間

igihe

現在

ubu nyene

電子錶

isaha ya electronique

分

umunota

時

isaha

週

indwi

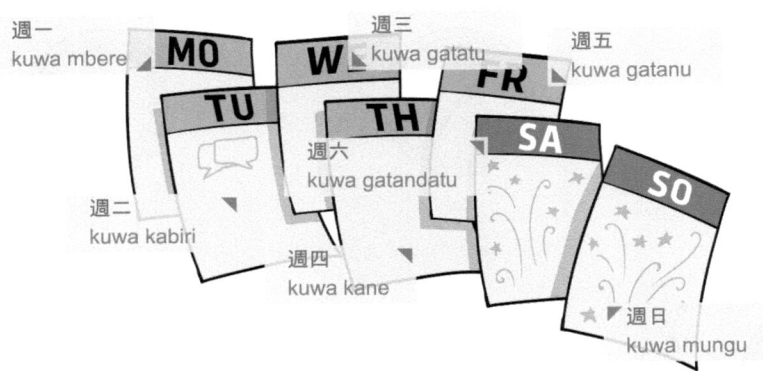

週一
kuwa mbere

週三
kuwa gatatu

週五
kuwa gatanu

週六
kuwa gatandatu

週二
kuwa kabiri

週四
kuwa kane

週日
kuwa mungu

昨天

ejo haheze

今天

ubunyene

明天

ejo hazoza

早晨

mu gatondo

中午

sasita

晚上

ku mugoroba

工作日

iminsi y' ibikorwa

週末

weekende

年

umwaka

雨
imvura
彩虹
umunywamazi
風
umuyaga
雪
urubura
春
igihe c' umwaka bita printemps
秋
igihe c' umwaka bita Automne
夏
ici
冬
igihe c' umwaka bita hiver

4.APRIL 11°
5.APRIL 4°
6.APRIL 13°
7.APRIL 8°
8.APRIL 10°

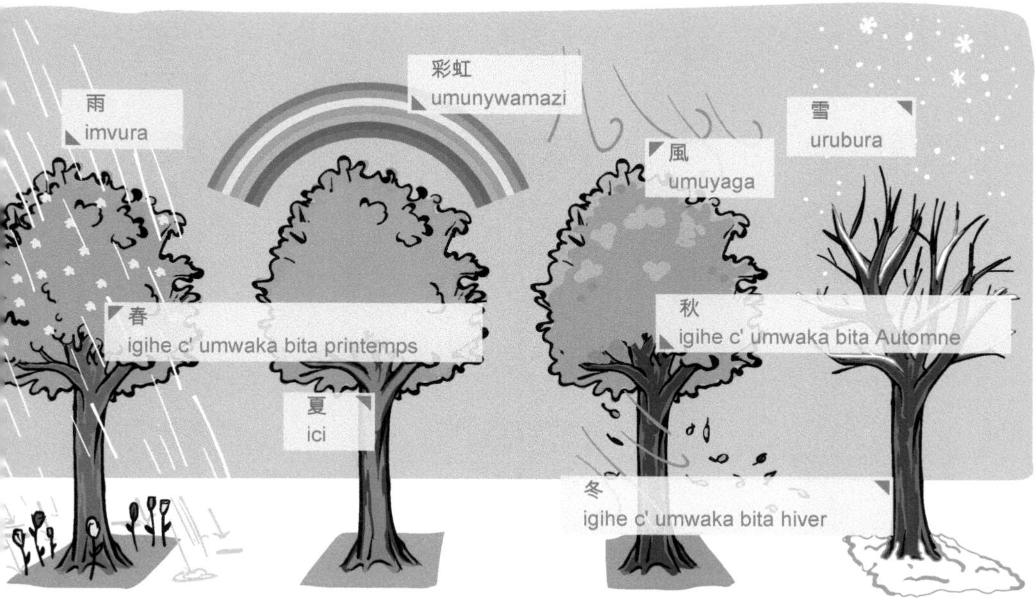

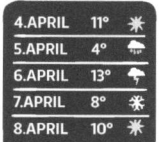

天氣預告

ikirangabihe

F
C
120
90
60
30
0
-30
40
30
20
10
0
-10
-20

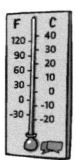

溫度計

igipima ubushuhe bw' umubiri

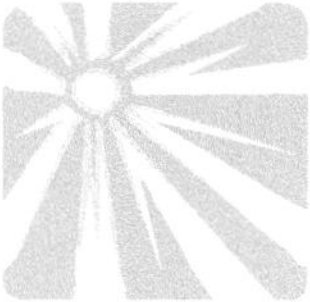

陽光

ubuseruko bw' izuba

雲

igicu

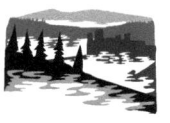

霧

igipfungu

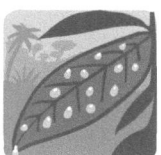

潮濕

ifira

閃電

umuravyo

打雷

inkuba

風暴

igihuhusi

冰雹

urubura

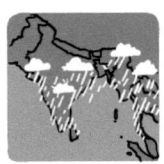

季風

igihuhusi bita mousson

洪水

umwuzure

冰

ibarafu

一月

nzero

二月

ruhuhuma

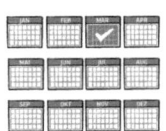

三月

ntwarante

四月

ndamukiza

五月

rusama

六月

ruhenshi

七月

mukakaro

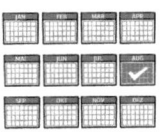

八月

myandagaro

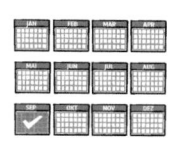

九月

nyakanga

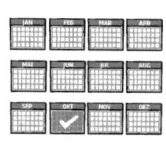

十月

gitugutu

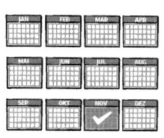

十一月

munyonyo

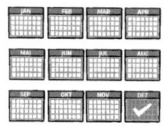

十二月

migarama

形狀

forume geometrike

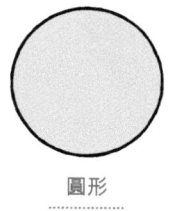

圓形

umuzingi

正方形

ikwadarato

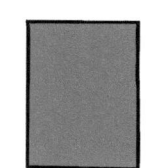

長方形

urikiramende

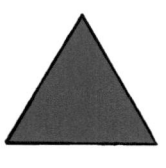

三角形

inyabutatu

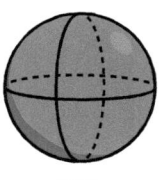

球體

umubumbe

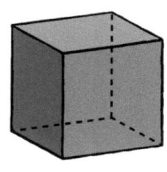

立方體

agasandugu

白
....

ibara ryera

黃
....

ibara ry' umuhondo

橙
....

ibara risa n' umucungwe

粉
....

ibara rya rose

紅
....

ibara ritukura

紫
....

ibara rya mauve

藍
....

ibara ry' ubururu

綠
....

ibara ry'icatsi kibisi

棕
....

ibara ry' igihogo

灰
....

ibara rya gris

黑
....

ibara ryirabura

很多/少許

vyinshi / bikeyi

生氣/平靜

washavuye / utekereje

美/醜

mwiza / mubi

首/尾

intanguriro / iherezo

大/小

kinini / gitoyi

明/暗

gikeye / cijimye

兄弟/姐妹

saza w' umuntu / mushiki
w' umuntu

乾淨/骯髒

gisukuye / gicafuye

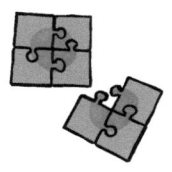

完整/缺失

gikwiye / gicagatiye

白天/晚上

umunsi / ijoro

死/生

wapfuye / ariho

寬/窄

cagutse / caga

可食用/非食用

kiryoshe / kibishe

邪惡/善良

umutima mubi / umutima mwiza

興奮/無聊

anezereve / arambiwe

胖/瘦

kivyibushe / conze

第一/最後

cambere / canyuma

朋友/敵人

umugenzi / umwansi

滿/空

cuzuye / kiri gusa

硬/軟

kigumye / coroshe

重/輕

kiremereye / gihwahutse

餓/渴

inzara / inyota

生病/健康

arwaye / akomeye

非法/合法

cemewe n'amategeko / kitemewe n'amategeko

聰明/愚笨

incabwenge / ikijuju

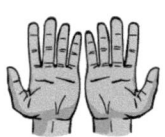

左/右

ibubamfu / iburyo

近/遠

hafi / kure

新/舊

gishasha / gishaje

沒有/有些

ntaco / kiriho

老/幼

umutama / urwaruka

開/關

kwatsa / kuzimya

打開/闔上

kugurura / kugara

安靜/吵鬧

gitekereje / gifise urwamo

富/窮

umutunzi / umukene

對/錯

nivyo / sivyo

粗糙/光滑

kigoramye / kigororotse

傷心/高興

ashavuye / anezerewe

短/長

kigufi / kirekire

慢/快

kigenda bukebuke / kinyaruka

濕/乾

gitose / cumye

溫暖/涼爽

gishushe buhoro / gikanye buhoro

戰爭/和平

intambara / amahoro

0

零

ubusa

1

一

rimwe

2

二

kabiri

3

三

gatatu

4

四

kane

5

五

gatanu

6

六

gatandatu

7

七

indwi

8

八

umunani

9

九

icenda

10

十

cumi

11

十一

cumi na rimwe

12

十二

cumi na kabiri

13

十三

cumi na gatatu

14

十四

cumi na kane

15

十五

cumi na gatanu

16

十六

cumi na gatandatu

17

十七

cumi n' indwi

18

十八

cumi n' umunani

19

十九

cumi n' icenda

20

二十

mirongo ibiri

100

百

ijana

1.000

千

igihumbi

1.000.000

百萬

umuriyoni

英語

Icongereza

美式英語

Icongereza co muri Amerika

普通話

Mandare kivugwa mu bushinwa

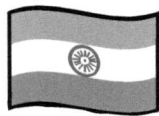

印地語

Igihinde

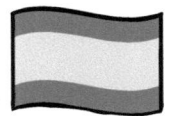

西班牙語

Ikispaniya

法語

Igifaransa

阿拉伯語

Icarabu

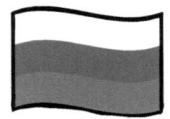

俄語

Ikirusiya

葡萄牙語

Igiporitigare

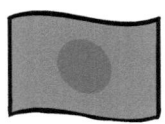

孟加拉語

Ikibengare

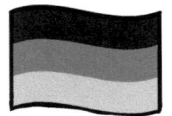

德語

Ikidage

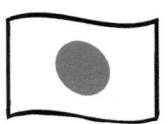

日語

Ikiyapani

我

jewe

你

wewe

他/她/它

we / we / co

我們

twebwe

你們

mwebwe

他們

bo

誰？

inde?

什麼？

iki?

如何？

gute?

何處？

hehe?

何時？

ryari?

名字

izina

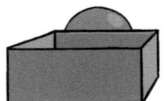

後面

inyuma ya

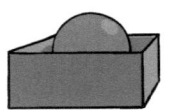

裡面

indani ya

前面

imbere ya

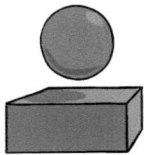

上方

hejuru ya

上面

ku

下麵

munsi ya

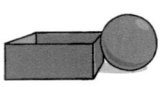

旁邊

mu mbavu ya

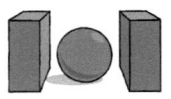

中間

hagati ya

地點

ikibanza